ROSALIE TAVERNIER

Einmal im Leben
sollte jeder den Himmel berühren

ROSALIE TAVERNIER

Einmal im Leben

sollte jeder den Himmel berühren

THIELE VERLAG

Die meisten Menschen bereuen

am Ende nicht die Dinge,

die sie gemacht haben,

sondern die Dinge,

die sie nicht gemacht haben.

Einmal im Leben sollte jeder
aus einem »könnte« ein »kann« machen.
Nicht länger warten auf den
günstigen Zeitpunkt, nicht zögern,
sondern sein Leben beherzt
in die Hand nehmen.

EINMAL IM LEBEN sollte jeder

total unvernünftig sein.

Über die Stränge schlagen.

Die ganze Nacht Samba tanzen.

Geld ausgeben, das man nicht hat.

In einem fremden Bett aufwachen.

Fünf Croissants zum Frühstück essen.

Einmal im Leben sollte jeder einen Frosch in einen Prinzen verwandeln.

Wie das geht?

Heb deinen Zauberstab und wecke seine schönsten Eigenschaften.

Frösche, die man wie Prinzen behandelt, tragen am Ende eine Krone.

EINMAL IM LEBEN sollte jeder

ein Frühlingsfest feiern.

Tische unter blühenden

Apfelbäumen aufstellen.

Seine Freunde einladen

und mit dem liebsten von allen

am Ende des Tages einen Apfel teilen.

EINMAL IM LEBEN sollte jeder
mit dem Herzen sehen.
Einen Menschen
mit zärtlichen Augen betrachten
und all die Wärme, das Licht
und die Liebe spüren,
die in ihm verborgen sind
wie ein Schatz.

EINMAL IM LEBEN sollte jeder

das Glück verschenken.

Ein vierblättriges Kleeblatt suchen,

einen Glücksstein bemalen

mit chinesischen Zeichen

und demjenigen hinlegen,

der ein bisschen Zuversicht braucht.

EINMAL IM LEBEN sollte jede Frau

mit ihrer besten Freundin ein

Wochenende auf und davon fahren.

Alles zurücklassen.

Die Unbekümmertheit

wieder entdecken.

Stundenlang erzählen.

Ganz viel lachen.

EINMAL IM LEBEN sollte jeder

eine Wolke taufen.

Ihr einen Lieblingsnamen geben

und sie mit einem sehnsüchtigen

Gedanken ziehen lassen.

EINMAL IM LEBEN sollte jede

Frau von ihrem Märchenprinzen

träumen dürfen.

Sich in tausendundeins Geschichten

verlieren, an deren Ende

alles gut wird.

EINMAL IM LEBEN sollte jeder

im Frühling nach Paris fahren.

Durch die Tuilerien spazieren,

die nach Kastanienbäumen duften.

Über den Pont Alexandre schlendern,

wenn es Abend wird.

Den einen magischen Moment erleben,

der für immer dir gehört.

EINMAL IM LEBEN sollte jeder das Unmögliche wollen.

Mutig sein.

Das Risiko in Kauf nehmen.

Seinen kühnsten Traum verwirklichen.

EINMAL IM LEBEN sollte jede Frau
sich ein Paar rote Schuhe kaufen.
Die Blicke auf sich ziehen
und das Glück herausfordern.

EINMAL IM LEBEN sollte jeder
dem Regen zuhören, wie er fällt.
Dem leisen Rauschen hinter dem
Fenster lauschen, Silbertropfen,
die in kleine Pfützen fallen.
Wie zärtliche Finger,
die an deine Seele klopfen.

EINMAL IM LEBEN sollte jeder

mit seinen Kindern wieder auf

Matratzen hüpfen,

mit Kissen werfen,

albern und ausgelassen sein.

Atemlos vor Vergnügen.

EINMAL IM LEBEN sollte jeder

mit einer Rose in der Hand

auf dem Gleis stehen, warten,

winken, loslaufen mit

klopfendem Herzen.

Sehen wie im Strom

der Ankommenden

ein Lächeln den Bahnhof erhellt.

EINMAL IM LEBEN sollte jeder

sich im Park zu einem alten Menschen

auf die Bank setzen.

Tauben füttern.

Schweigen.

Ein Gespräch anfangen.

Einmal im Leben sollte jeder

sich vor der Welt verstecken.

Die Uhren ausstellen.

Verschwunden sein,

bis man wieder da sein möchte.

EINMAL IM LEBEN sollte man

nicht nach dem Sinn von etwas fragen,

sondern nur danach,

ob es einen zum Lachen bringt.

IMMERHIN · MICH · WIRD · UMGEBEN
GOTTES · HIMMEL, DORT · WIE · HIER,
UND · ALS · TOTENLAMPEN · SCHWEBEN
NACHTS · DIE · STERNE · ÜBER · MIR.

Einmal im Leben sollte jeder

das Grab von Heinrich Heine besuchen,

auf dem Friedhof am Montmartre,

wenn ein Sonnenstrahl

über Dichterworte huscht,

in weißen Marmor eingraviert,

die vom letzten Tag sprechen.

Und von dem danach.

EINMAL IM LEBEN sollte jeder

früh am Morgen vor allen

anderen aufstehen.

Eine Stunde köstlicher Ruhe genießen.

Wach sein, bevor die Welt erwacht.

EINMAL IM LEBEN sollte jeder

begreifen, dass wir die Dinge

oft nicht so sehen

wie sie sind.

Sondern wie wir sind.

EINMAL IM LEBEN sollte jeder

alle seine Lieblingsbücher

noch einmal lesen.

Und mit dem, was einem einmal

kostbar war, sich selbst begreifen

auf der Landkarte des Lebens.

EINMAL IM LEBEN sollte jeder

einen Baum pflanzen.

Im Vertrauen darauf,

dass es immer irgendwie weitergeht,

solange unsere Hoffnung

in den Himmel wächst.

EINMAL IM LEBEN sollte jeder

in das Land fahren,

wo die Zitronen blühen.

An sanften Hügeln vorbei,

auf denen Zypressen stehen

wie Versprechen.

Wo abends hinter

warmen roten Steinen

das Lied der Grillen aufsteigt,

der Sommer endlos scheint

und du die Hände ausstreckst

nach den Goldorangen.

EINMAL IM LEBEN sollte jeder

einen ganzen Tag lang

nur schöne Dinge tun,

ohne ein schlechtes Gewissen

zu haben.

EINMAL IM LEBEN sollte jeder
sein kleines Haus am Ende
der Welt finden.

Den Ort, wo man zur Ruhe kommt
und mit sich selbst im Einklang
unzerstörbar wird.

EINMAL IM LEBEN sollte jeder

wie ein Kind darauf vertrauen,

dass alles zu seinem besten geschieht.

Sterne fangen

mit weit geöffnetem Herzen.

EINMAL IM LEBEN sollte jeder

ohne zu zögern

sein Herz verschenken.

EINMAL IM LEBEN sollte jeder

eine Kerze anzünden

für einen geliebten Menschen,

der gestorben ist.

Und ihm alles erzählen,

was ihn gerade bewegt.

EINMAL IM LEBEN sollte jeder

etwas tun, von dem er dachte,

er würde es niemals wagen.

Eine Tür aufstoßen

und sich staunend

in neuen Welten wiederfinden.

EINMAL IM LEBEN sollte jeder

sich daran erinnern, wie alles begann.

Der erste Blick. Ein Lächeln.

Zwei Hände, die behutsam

nacheinander fassten.

Ein Sonnenstrahl,

der durch unser Herz fährt.

Immer noch.

EINMAL IM LEBEN sollte jeder an

seinen persönlichen Schutzengel glauben

und ihm die Dinge überlassen,

die er selbst

nicht in der Hand hat.

EINMAL IM LEBEN sollte jeder einen

Straßenmusikanten einfach ansprechen

und ihn fragen,

ob er einem beibringt,

Saxophon zu spielen.

EINMAL IM LEBEN sollte jeder

über den eigenen Schatten springen.

Sich hinwegsetzen über

alle Bedenken

und noch im Sprung feststellen,

dass es viel leichter war,

als man dachte.

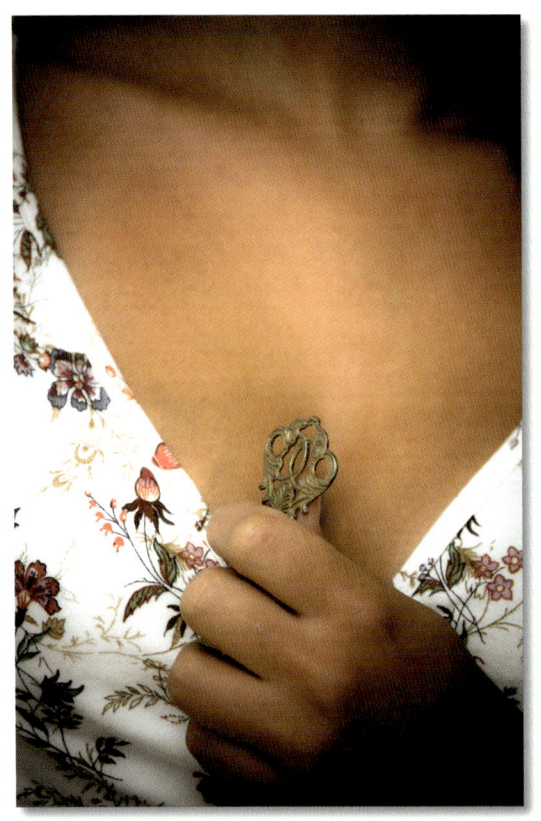

EINMAL IM LEBEN sollte jeder

sich von seiner Mutter

die Geschichte ihres ersten Kusses

erzählen lassen

und dem Mädchen begegnen,

das sie einmal war.

Früher,

vor einem Augenblick nur.

EINMAL IM LEBEN sollte jeder
etwas anfangen, ohne das Ende
zu bedenken.
Nicht fragen, was es bringt
und ob es vernünftig ist.
Mit jedem Herzschlag
da sein.

EINMAL IM LEBEN sollte jeder

einem Menschen etwas sagen,

ohne

irgendetwas

zu sagen.

EINMAL IM LEBEN sollte sich jeder

eine Auszeit nehmen,

um etwas nachzuholen,

das er schon vor vielen Jahren

machen wollte und dann

aus den Augen verloren hat.

EINMAL IM LEBEN sollte jede Frau

in einem weißen Sommerkleid

auf einem Karussell

in den Himmel fliegen

und alle Sorgen zurücklassen.

Einmal im Leben sollte jeder

in einem alten VW-Bus

durch die Lande fahren.

Kreuz und quer und dann

immer Richtung Süden,

bis ans Meer.

EINMAL IM LEBEN sollte jeder

auf einer Wiese

unter schattigen Bäumen

ein Schäferstündchen verbringen

und die Zeit vergessen.

EINMAL IM LEBEN sollte jeder
den Himmel berühren.
Jauchzend
nach dem schönsten
aller Träume greifen
und ohne Flügel
fliegen.

EINMAL IM LEBEN sollte jeder

sein größtes Geheimnis

mit einem guten Freund teilen,

damit es nicht

über die Jahre

verlorengeht.

Einmal im Leben sollte jeder
die Schönheit einer Blume entdecken.
Sich an den kleinen Dingen freuen,
die jeder Tag dir schenkt.

EINMAL IM LEBEN sollte jeder

einem anderen Menschen

einen Herzenswunsch erfüllen.

EINMAL IM LEBEN sollte jeder

noch einmal ganz neu anfangen.

Das Vergangene ruhen lassen.

Einen Fehler verzeihen.

Dem anderen und auch sich selbst.

EINMAL IM LEBEN sollte jeder
die Reise seines Lebens machen.
Die Route 66 entlangbrausen,
auf der chinesischen Mauer stehen,
die ewige Stadt erkunden,
das Taj Mahal bestaunen,
über die Brooklyn-Bridge laufen,
auf Sansibar unter Palmen träumen,
sich in Venedig verirren
und es genießen.

EINMAL IM LEBEN sollte jede Frau

alle ihre alten Freundinnen einladen

und mit ihnen einen Tag

in der Sauna verbringen.

Sich zeigen können,

wie man wirklich ist,

unter seinem Badetuch.

EINMAL IM LEBEN sollte jeder

das Leben etwas weniger ernst nehmen.

Kinder beim Lachen belauschen.

Das Glück in einer Pfütze finden

und die Last des Ichs abwerfen

wie ein Papierschiffchen

auf fröhlicher Fahrt.

EINMAL IM LEBEN sollte jeder die erste Kastanie des Herbstes aufheben, sie in die Manteltasche stecken und diese wundersame Zuversicht spüren. Jedes Mal, wenn man seine Hand darum schließt.

EINMAL IM LEBEN sollte jeder

einen Menschen umarmen,

der traurig ist.

Egal, ob er ihn gut kennt,

oder kaum kennt

oder gar nicht.

EINMAL IM LEBEN sollte jeder

seinen Kindern die Orte seiner

Kindheit zeigen.

Da war es, wo ich

auf dem steinernen Löwen ritt,

der – ihr glaubt es nicht – mir

zulächelte, wo ich am Bach

kostbare Kieselsteine vergrub und

überzeugt war, sie würden wachsen.

Wo ich das Meer zum ersten Mal sah

und mein Herz Purzelbäume schlug

vor Glück.

EINMAL IM LEBEN sollte jeder
sich darauf freuen,
mit einem geliebten Menschen
alt zu werden. Hand in Hand
auf einen langen Weg zurückzublicken,
den man gemeinsam ging.

Einmal im Leben sollte jeder

an einem Sonntagmorgen

einen Frühstückstisch decken

mit Sommerblumen und viel Liebe

und dem Lied

You are the sunshine of my life.

EINMAL IM LEBEN sollte jeder an

einem verschneiten Winternachmittag

Chopins *Préludes* hören.

Sich verzaubern lassen.

Und mit einem Mal

ganz andere Dinge denken

als sonst.

EINMAL IM LEBEN sollte jeder

die schönsten Augenblicke

seines Lebens aufschreiben.

Ein Kaleidoskop voller bunter

Glassteine, durch das man

immer wieder schauen kann,

wenn man vielleicht einmal vergisst,

dass man sehr oft

sehr glücklich war.

BILDNACHWEIS

123RF: 24 (JY Lee)

Corbis: 22 (Parque), 30 (Rainman), 32 (Ghislain & Marie David de Lossy), 38, 86 (Turbo), 99 (Sunset Boulevard)

Deviantart: 6 (adeadrockstar), 8 (spacedlaw), 15 (nerokoi-tap1464), 42 (monkeyf), 45 (justina_m), 78 (ebrutuhan), 89 (MayaD), 102 (Eredel), 104 (tenlittlebirds), 112 (Missayleen)

Enzo Rando: 52

Gettyimages: 26 (National Geographic), 54 (Aaron Foster), 66, 68 (Cultura), 83 (Rosanne Olson), 96 (Don Smith)

iStock: 34 (tomazl), 50 (Carmen Martinez Banúz), 57 (Alexander Hafemann)

Mauritius: 84 (Tetra Images)

Photocase: 12 (manun), 20 (jodofe), 37 (Lichtstark), 41 (mi.la), 46 (Fliegenpilz 11), 58 (MMchen), 64 (joexx), 76 (summerjen), 80 (leicagirl), 90 (pamone), 92 (GabyJ), 94 (fischde), 107 (Svea Anais Perrine), 111 (Wuestenfuxx), 114 (waldmeister), 117 (Lunamarin)

Photolibrary: 100

Picture Press: 18, 71 (Drieux-Mondadori), 72 (Esther Haase-Mondadori)

Pixelio: 60 (Herrlein Smilla), 63 (sassi), 108 (Christian Seidel)

Plainpicture: 10, 16

Shutterstock: 48 (Altafulla)

Trevillion: 74 (Jitka Saniova)